LOUIS DE MIRAMON

A LA MÉMOIRE

DE NOTRE ENFANT BIEN-AIMÉ

L'enfant sage est la joie de son Père.

(*Prov.*, X, 1.)

Son âme était agréable à Dieu : et Dieu s'est hâté de le retirer du milieu des iniquités de ce monde. (*Sap.*, IV, 14.)

Le Seigneur nous l'avait donné ; le Seigneur nous l'a retiré ; que le nom du Seigneur soit béni. (*Job*, I, 21.)

Cette pieuse Notice a été déjà publiée, en grande partie, par le *Messager du Cœur de* Jésus (livraison de novembre 1871).

LOUIS

DE

MIRAMON

Bagnères-de-Luchon, 14 juillet 1871

TOULOUSE

TYPOGRAPHIE L. HÉBRAIL, DURAND ET Cᶜ

RUE DE LA POMME, 5.

—

1872

LOUIS DE MIRAMON

Louis de Miramon allait achever sa treizième année ; et sa vie à peine commencée, touchait déjà à son terme. Comme l'enfant prédestiné dont parle l'Ecriture, il avait parcouru en peu de temps une longue carrière ; riche des mérites qu'il avait acquis en une si courte existence, il s'en allait au ciel abriter sous le regard de Dieu un trésor que le monde eût cherché à lui ravir.

Il était né au sein d'une famille où la piété est héréditaire comme la noblesse. Tendresse de ses parents, position brillante dans le monde, dons de l'esprit et du cœur joints à ceux de la fortune, tout lui présageait un avenir heureux. Sur sa physionomie, toujours riante, se reflétait une âme pleine de candeur et de poésie. Une éducation affectueuse, mais sans faiblesse, avait perfectionné ces qualités naturelles. Remplis de sollicitude pour le trésor que Dieu leur avait confié, ses pieux parents l'élevaient sous leurs yeux, aidés dans cette œuvre importante par des instituteurs choisis. L'enfant progressait rapidement dans ses études ; et quand le jour serait venu pour lui d'entrer dans la vie du collége, il pouvait prétendre à un rang distingué parmi ses condisciples.

Mais la grâce divine avait encore plus opéré en lui que la nature. La piété semblait née avec lui. Enfant de quatre à cinq ans, sa plus douce récréation était la prière ; le chapelet surtout faisait ses délices. Un jour qu'il le récitait avec sa grand'mère, celle-ci craignit de lasser sa patience, et proposa de s'arrêter après la première dizaine ; Louis n'y voulut pas consentir, disant, avec une gracieuse insistance, que le chapelet était son plus agréable délassement. Le soir, il voulait avoir son chapelet près de son lit, et si dans la journée il avait oublié de le dire, ou n'en avait pas eu le temps, il le pressait entre ses doigts, et plus d'une fois s'endormait en faisant monter vers MARIE sa fervente prière.

C'est que la dévotion envers la Reine des Anges semblait toute naturelle à cette âme innocente. De bonne heure, il porta le scapulaire, et il aimait à attribuer à ce saint habit les traits de protection dont il était l'objet. Nous en lisons un naïf témoignage dans le journal qu'il écrivait la dernière année de sa vie. C'était le 22 décembre : « Après avoir soupé et fait la prière, je montais l'escalier. Tout à coup une grosse pierre de la marche où j'étais se détacha et *dégringola*. Ma jambe passa dans le trou ; mais heureusement, je ne me suis fait aucun mal. Lorsque je suis redescendu, maman m'a grondé, disant que c'était parce que nous sautions trop dans la maison que cette pierre était tombée, et que si quelqu'un avait passé dans l'escalier, il aurait certainement été écrasé. Elle ajouta que je devais à mon scapulaire d'avoir été préservé de tout mal. Quand j'ai été couché, j'ai remercié DIEU et la sainte Vierge d'avoir permis que je ne me fisse aucun mal, car j'aurais bien pu me casser la jambe. »

Louis entretenait correspondance avec sa Mère du ciel. Quand il en voulait obtenir une grâce, il lui écrivait. La petite lettre était déposée sous la statuette de la sainte Vierge, et pour le port, le cher enfant donnait un sou aux pauvres. Sa lettre n'était autre chose que la Salutation angélique, en tête de laquelle il mettait l'objet de sa demande. Sur une de ces lettres, nous lisons : *La contrition;* sur l'autre : *Foi vive;* sur une troisième : *Espérance ferme;* une quatrième demande la guérison d'un cousin malade : *Guérison d'Henri sans suites.* Tou tes ces lettres portent l'adresse : A MARIE. Louis les conservait soigneusement dans son portefeuille, avec ses images et ses prières les plus usuelles.

Ce portefeuille contient sa prière du matin et du soir, écrite entièrement de sa main, et composée en partie par lui-même.

En voici quelques fragments où l'on reconnaît sa rédaction d'enfant utilisant les réminiscences des instructions qu'il avait entendues :
« Que vous rendrai-je, ô mon DIEU, pour tous

les biens que vous m'avez faits ! vous avez songé à moi de toute éternité ; vous m'avez tiré du néant ; vous avez donné votre vie pour me racheter ; vous avez mis à ma disposition les sacrements ; et vous me comblez encore tous les jours d'une infinité de faveurs. Je suis bien indigne de tant de bontés ; mais, ô mon Dieu, à l'avenir, je vous promets de devenir meilleur...

« Hélas ! Seigneur, que puis-je faire en reconnaissance de tant de bienfaits ! Je n'ai rien, ô mon Dieu, je n'ai rien. Mais vous m'*avez donné la direction d'une âme créée à votre ressemblance*. Je me sens très indigne de *diriger votre image*. Je vous donne donc mon âme, mon cœur, mon esprit et ma vie. Je me donne tout à vous ; je me consacre tout à vous ; je me recommande tout à vous... »

On se prend à sourire en voyant cet enfant de douze ans se préoccuper de la *direction d'une âme* créée à la ressemblance de Dieu. Expression bien juste pourtant, car l'enfant, non moins que l'homme mûr et le vieillard, doit diriger son âme vers le port du salut ; lui aussi, il rencontre sur l'océan bien des écueils, à travers lesquels, pilote prudent, il doit naviguer en prenant pour phare les vérités de la foi. C'est ainsi que l'intelligence précoce de Louis avait compris le but de son existence terrestre.

Mais il ne voulait pas aborder seul au bienheureux rivage. Le pieux enfant s'était déjà créé un apostolat au sein de sa famille. C'était d'abord sa sœur plus âgée d'un an ; mais qui, frappée de tant de piété et de raison, n'avait aucun secret pour lui, et suivait volontiers ses conseils ; puis son petit frère Gabriel, plus jeune de quatre ans, et dont il s'était constitué le guide. Il le formait à la pratique des vertus de son âge, lui apprenait ses prières, les lui faisait réciter régulièrement, le reprenait amicalement de ses petits manquements, et lui donnait des avis dont la sagesse étonnait tous ceux qui les entendaient répéter à son jeune frère.

Et ces conseils fraternels portaient leurs fruits ; car Louis savait les faire accepter par son aimable caractère, et aussi par son exemple. Jamais enfant ne fut plus que lui docile aux leçons de ses maîtres, et soumis aux volontés de ses parents. C'était peu de mois avant sa mort. Dans le courant d'une conversation intime, Louis fut amené à jeter un regard sur son passé ; et après quelques instants de réflexion, il put à peine y découvrir une légère désobéissance.

Dirons-nous quelle affection il portait à ses parents ? Un cœur si bien fait aurait-il pu ne pas payer de retour la tendresse qui avait entouré de tant de bonheur les années de son enfance ? Louis aimait sans doute les amusements de son âge, il s'y portait avec toute la vivacité de sa nature ; son journal relate plus d'une fois les jeux auxquels il s'est livré et le plaisir qu'il y a pris. Mais sa plus douce récréation était toujours la compagnie de ses parents et les entretiens à cœur ouvert avec eux. Les voir heureux était son plus ardent désir ; contribuer à leur bonheur par ses attentions filiales, et son assiduité à ses devoirs, sa plus ferme résolution. Rien ne lui coûtait pour leur plaire, et il eût volontiers sacrifié toutes ses joies pour leur épargner une légère peine. « Nous lui avions donné un petit fusil à capsules, — c'est son père qui nous fournit ce gracieux épisode ; — ce fusil faisait ses délices. Un jour, un éclat de capsule lui égratigna la joue. La tendresse maternelle en fut vivement alarmée. « Mon enfant, lui dit sa mère, tu ne saurais croire combien ce fusil m'inquiète. Tu pourrais facilement t'aveugler. » — Renoncer à ce jouet était pour Louis un rude sacrifice ; mais les sollicitudes de sa mère ! L'enfant n'hésita pas.

— « Eh bien, maman, répondit-il aussitôt, puisque ce fusil est pour vous une cause d'inquiétude, je n'y toucherai plus. » Et il tint parole.

Rien de plus gracieux dans sa naïveté que la note suivante de son journal, sous la date du 27 mai 1871 : « J'ai été malade toute la semaine dernière : j'ai eu une angine ; et comme en ce moment papa et maman étaient à Paris, bonne-maman a été si inquiète, que je crois qu'elle était plus malade que moi. Enfin, me voilà tout à fait rétabli, je pense. Et dans tous les cas, si je rechutais, maman, qui est arrivée à midi, serait là pour tranquilliser bonne-maman. »

— Charmant enfant, qui, dans sa maladie, avait

oublié ses propres souffrances, elles avaient été vives pourtant, et n'avait vu que les inquiétudes de sa grand'mère !

Il était une autre partie de sa famille en JÉSUS-Christ que Louis aimait tendrement. Dès ses premières années, son âme s'était ouverte à la miséricorde. Il avait compris le mystère de charité qui unit l'indigent au chrétien, auquel DIEU a donné les richesses de la terre. Les pauvres étaient ses amis. Dès qu'il eut une bourse à lui, il se plut à partager avec eux. Les indigents connaissaient bien ce petit monsieur, à la figure riante, au regard sympathique, qui s'approchait avec tant de bonté, et leur présentait de sa petite main l'offrande de sa charité. Malheureusement, il n'était pas toujours là pour les assister ; il partait souvent pour les vacances, il allait passer les hivers à Paris. Mais l'enfant compatissant ne voulait pas que ses chers protégés souffrissent de son absence : avant de partir, il vidait sa bourse entre les mains d'une personne de confiance, afin de distribuer ses aumônes suivant les nécessités.

Nous passons d'autres détails non moins gracieux, et nous arrivons à l'époque de sa première communion, la grande action de sa vie. Louis la voyait arriver avec une sainte allégresse et avec toute la tranquillité d'une âme assurée de ses dispositions. Il était allé, durant les vacances de 1869, visiter la belle église de la Chaise-Dieu. C'était une partie de plaisir où se trouvait toute la famille. On lui avait dit que Dieu accorde les trois grâces que l'on demande en visitant pour la première fois ce célèbre sanctuaire. A peine entré, Louis était allé pieusement s'agenouiller, et sa prière s'était prolongée assez longtemps. Puis, avec ses parents, il avait visité le splendide monument, admiré cette grandiose architecture du xivme siècle, les belles tapisseries qui ornent le chœur, l'élégant tombeau du pape Clément VI, et cette singulière danse des morts dont les derniers débris recouvrent encore les murs de l'antique église. Les visiteurs allaient se retirer. Louis s'échappe un instant, et revient prier seul, dans un profond recueillement. « Tu as, sans doute, demandé à Dieu la grâce d'une bonne première communion ? » lui dit sa mère, au sortir de l'église. — « Oh ! non répondit Louis en souriant, ce n'était pas nécessaire. Je suis sûr que je la ferai bien. » — « Qu'as-tu donc demandé ? » Louis hésita comme s'il eût eu son secret à lui ; mais bientôt, craignant de contrister sa mère : « Oh ! je puis bien vous le dire, s'écria-t-il. La première grâce que j'ai demandée est que, lorsque j'aurai à choisir une carrière, DIEU daigne m'éclairer sur ma vocation, et ne permette pas que je m'égare ; la seconde, c'est de mourir plutôt que de commettre un péché mortel ; la troisième, que DIEU préserve mes parents de la mort subite. »

C'est dans la paroisse de Sainte-Clotilde, à Paris, que Louis fut admis aux catéchismes de la première communion. Son confesseur, vicaire de la paroisse, nous fera connaître ses dispositions, dans la lettre qu'il écrivait à son père quand il eut appris la triste nouvelle de sa mort : « Parmi les nombreux enfants à qui j'ai eu le bonheur de faire faire la première communion, je ne crois pas avoir rencontré encore une nature aussi belle, aussi sympathique que celle de ce cher enfant. C'était véritablement un petit ange. Rien ne peut effacer de mon souvenir ce regard si clair, si pur, si limpide, si transparent et si affectueux qu'il dirigeait vers moi quand je lui parlais. Il m'avait été si doux et si consolant de lire dans sa belle petite âme, et de voir, non pas naître, mais grandir et s'épanouir en elle les sentiments chrétiens et pieux que vous aviez su y développer ! C'est une des natures qui m'a le plus attiré, et une des plus belles petites âmes qu'il m'ait été donné de conduire à Dieu. »

Au catéchisme, Louis se fit remarquer par son intelligence. Ses résumés, toujours soignés, lui valurent de nombreuses récompenses. Il en eût mérité de plus grandes pour la piété, s'il appartenait aux hommes de la couronner ici-bas. Les exercices publics lui donnaient souvent occasion de pratiquer la charité. Il avait parfois pour voisins de petits étourdis, tournant la tête au moindre bruit, attentifs à tout, excepté aux explications du catéchisme. Louis se désolait de voir tant de légèreté à la veille d'une si grande action. Il les touchait souvent du coude pour les rappeler au devoir. « Oh ! répétait-il à sa mère en sortant de l'église, que ces enfants sont malheureux ! leurs parents ne les élèvent pas ! Quelle reconnaissance je vous dois de m'avoir élevé avec sévérité ! »

Enfin, le 19 mai 1870, l'heureux enfant prenait place, pour la première fois, au banquet sacré. Son cœur débordait de joie ; et les plus fermes résolutions de vivre toujours en chrétien se gravaient profondément dans son cœur. Il en faisait la promesse vivement sentie à ses parents ; et, comme sa mère insistait, rappelant tant de promesses faites par d'autres et si mal tenues, Louis se redressa, et d'un ton plein de gravité : « Non, dit-il, je ne vous donnerai jamais cette affliction ; et si un jour je venais à m'oublier, rappelez-moi la promesse que je vous fais en ce moment ; et cela suffira pour me ramener à mon devoir. »

Cette date du 19 mai resta chère au cœur du pieux enfant.

Le 1er janvier de la présente année, il confiait ainsi à son petit journal ses pensées de

joie chrétienne et de douleur patriotique :
« Voilà donc l'année 1870 finie. Que de souvenirs elle me rappelle ! J'ai fait ma première communion pendant ce temps ; et la France a été envahie par les Prussiens. Cette année restera toujours dans ma mémoire. »

Peu de jours après, le 12, il écrivait : «Une mauvaise dépêche nous apprend que les Prussiens ont commencé le bombardement de Paris. Plusieurs obus sont tombés dans la rue de Grenelle que nous habitions. Probablement les Prussiens avaient visé les deux magnifiques clochers de Sainte-Clotilde, notre paroisse, dans laquelle j'ai eu le bonheur de recevoir Jésus-Christ pour la première fois de ma vie, le 19 mai 1870. » Durant le double siége de Paris, et les désastres de l'incendie, Louis était toujours préoccupé de la chère église de sa première communion, et quand il apprenait l'arrestation et l'assassinat des otages, ses premières sollicitudes étaient pour le prêtre qui l'avait disposé à bien recevoir le divin sacrement.

L'Eucharistie avait pour son cœur d'irrésistibles attraits. Il aimait à se confesser et à communier : sa figure s'épanouissait quand il s'approchait des sacrements, ce qu'il faisait tous les quinze jours, et quelques fois plus souvent. Nous laisserons parler son petit journal, qui nous révèlera quelques-uns de ses sentiments, quand il lui était donné de s'asseoir à la Table sainte : « Aujourd'hui j'ai communié, écrivait-il le 15 janvier. Quel bonheur pour moi! Que Dieu est bon! il ne regarde ni les fautes, ni la bassesse de ses serviteurs; il agit seulement d'après sa miséricorde infinie. Quoi! mon Dieu, vous daignez entrer dans mon cœur! dans ce cœur tant de fois souillé par le péché! S'il est purifié, comme je l'espère, par le sacrement de Pénitence, il n'est certes pas exempt d'imperfection. Comment pourrai-je, Seigneur, reconnaître le bienfait que vous m'avez accordé aujourd'hui? Prosterné devant vous, je ne puis que m'écrier avec le centurion : *Non, non, Seigneur, je ne suis pas digne que vous entriez en moi; mais dites seulement une parole, et mon âme malade sera guérie.* »

La Semaine-Sainte de cette année, la première qu'il célébrait depuis sa première communion, fut surtout pleine de consolation. Suivons, dans son petit journal, les impressions pieuses que lui suggéraient les grands mystères de ces jours.

« *Jeudi, 6 avril. — Jeudi-Saint.* — Aujourd'hui j'ai eu le bonheur de communier. C'est donc aujourd'hui que Notre-Seigneur Jésus-Christ a institué la sainte Eecharistie et a commencé sa douloureuse Passion. Qu'est-ce que l'homme pourrait faire sans cette immense grâce de l'Eucharistie ? Ah ! merci, Seigneur, merci de m'avoir permis de vous recevoir au jour heureux de ma première communion, le 19 mai 1870. Je fais mes Pâques aujourd'hui pour la première fois de ma vie.

« *Vendredi-Saint.* — Tout est consommé ! Aujourd'hui il y a 1838 ans que Jésus-Christ, par le sacrifice de la Croix, nous a rachetés. O Seigneur, donnez-moi votre grâce, afin que je profite au moins de vos souffrances et de votre mort.....» Il parle ensuite des offices du jour, du sermon sur la Passion qu'il a entendu, etc.

« *Samedi-Saint.* — JÉSUS-Christ est au tombeau. O JÉSUS-Christ! faites qu'avec vous j'ensevelisse tous mes péchés et mes imperfections!... Ce soir, après ma récréation, j'ai lu un chapitre de l'*Imitation*, ce livre si bien approprié aux besoins de chacun, et j'ai récité mon chapelet.» Ce jeune enfant trouvait un goût tout particulier à la lecture de l'*Imitation*. Ce livre ne le quittait jamais.

« *Dimanche de Pâques*, 9 avril. — *Alleluia! Resurrexit* JESUS. Quel beau jour de fête! Ce matin j'ai eu le grand bonheur de communier à la Messe de huit heures. Qu'aujourd'hui, mon DIEU, je sorte aussi du tombeau du péché! Que je commence une nouvelle vie d'innocence et de vertu! »

L'amour que Louis éprouvait envers l'auguste sacrement, rejaillissait sur ses ministres. Il aimait le prêtre, il le respectait, il était à l'aise avec lui. Un jour il était au lit, très souffrant : son confesseur entre dans sa chambre. L'enfant, oubliant sa faiblesse, pousse un cri de joie et se soulève sur sa couche ; son visage abattu revient à la vie. Et quelques jours plus tard, en reprenant son journal, il n'oubliait pas d'y consigner la visite du prêtre.

Suivre à l'autel le ministre sacré, et l'assister au Saint-Sacrifice, était un de ses plus grands bonheurs. Il ne négligeait aucune occasion de remplir cette pieuse fonction, et à la piété qui se montrait alors dans tout son extérieur, on pouvait reconnaître sa foi au grand mystère de l'Eucharistie. Un jour, il éprouva une joie toute particulière. Le bon vieux curé du village où il passait ses vacances, l'avait autorisé à porter le calice, de l'autel à la sacristie. Jamais, nous disaient ses parents, on ne vit enfant plus heureux. La pensée de tenir entre ses mains les vases précieux qui avaient renfermé le sang de Notre-Seigneur, le ravissait hors de lui. Ses projets d'avenir le portaient même, souvent, vers le sanctuaire, pour lequel il eût volontiers sacrifié tous les avantages de sa position.

Mais Dieu demandait de lui un autre sacri-

fice. Ce **Jésus**, qu'il aimait tant dans l'Eucharistie, lui avait mis au cœur un ardent désir
d'aller le voir au ciel, et comme un pressenti-
ment qu'il le posséderait bientôt.

Le mercredi, 22 mars, il écrivait dans son
journal :

« Comme il avait fait très beau dans la journée, j'avais ouvert ma fenêtre. Ce soir, en vou-
lant la fermer, à la vue du beau ciel étoilé, je
ne sais quel sentiment s'est emparé de moi. Je
ne pouvais détacher mes yeux de ce ravissant
spectacle. *Beau ciel*, me suis-je dit, *beau ciel,
te posséderai-je un jour ?* » C'étaient les paroles
qui s'étaient plusieurs fois échappées de sa
bouche, tandis que l'âme poétique du jeune
enfant semblait s'envoler loin de son corps
vers les sphères éternelles. Sa sœur, témoin
de ce transport, en fut longtemps émue.

Le ciel, en effet, était prêt à s'ouvrir à cette
âme innocente. Ses parents l'amenaient aux
eaux des Pyrénées. Louis était parti joyeux, se
promettant de belles excursions dans les mon-
tagnes. Les curiosités de la route ne furent pas
négligées, et le dernier article de son journal

fait mention des arènes de Nîmes, du Peyrou de Montpellier, de la vieille cité de Carcassonne ; mais surtout il retrace l'impression que produisit en lui la vue de la mer : « Le vendredi matin nous avons passé par Cette, où j'ai eu le plaisir de voir la mer. Quel magnifique spectacle ! J'avais déjà pu l'admirer en allant en Italie en 1866. Mais il y a déjà cinq ans. Et puis on ne se lasse jamais de regarder la mer. Sa vue élève l'âme vers Dieu, et nous montre l'immensité du Créateur et notre bassesse. »

Là s'arrête son journal. Il écrivait ces derniers mots le dimanche, 9 juillet. Le mardi suivant, une maladie terrible, foudroyante, le jetait sur sa couche sans parole, sans connaissance, en proie aux plus cruelles douleurs. Durant trois jours ses parents luttèrent contre le mal, appelant à leur aide toutes les ressources de l'art, et surtout les secours du Ciel. Le pauvre enfant fut administré, son nom fut inscrit snr les registres de l'Association de la Bonne-Mort. La conscience de lui-même lui revint-elle, par moment, durant cette douloureuse agonie ? on aime à le croire. Lorsque monsieur le Curé de la paroisse lui suggérait les actes avant l'absolution, Louis, par deux fois, lui serra la main. Durant son délire, la tendance pieuse de son âme se montra comme instinctivement. Il répétait sans cesse cette invocation : « Seigneur, ayez pitié de moi. » Sa main traçait fréquemment le signe de la croix, et quand arriva la dernière défaillance, son bras levé pour faire encore cet acte de chrétien, retomba sans force. Enfin, le sacrifice fut consommé.

Le vendredi soir, à huit heures, son âme s'envola au ciel. Ses parents, les yeux baignés de pleurs, pressaient sur leur cœur leur fils inanimé ; leur douleur était immense ; mais les pensées de la foi, la vue de tant d'innocence, la légitime espérance du bonheur de leur enfant adoucissaient l'amertume de la séparation. Un souvenir encore tout récent les consolait surtout. Ils se rappelaient avoir entendu dire à Louis qu'il désirait vivement mourir un vendredi soir, bien avant dans la nuit, afin de rester moins longtemps en Purgatoire. Il avait confiance en la promesse faite par Notre-

Dame-du-Mont-Carmel aux Associés du Scapulaire, de venir prendre leurs âmes le samedi qui suivrait leur mort pour les conduire au ciel. Le désir du pieux enfant était exaucé. Il avait quitté ce monde peu d'heures avant le samedi, l'avant-veille de la fête de Notre-Dame-du-Mont-Carmel.

Pour clôre ce récit, et jeter une dernière fleur sur la tombe du pieux enfant, nous emprunterons les paroles qu'un vénérable missionnaire écrivait à son père, à la première nouvelle de sa mort : « Vous venez de perdre votre cher petit Louis, ce bien-aimé de votre cœur, et du pauvre abbé Lieurade (ancien précepteur de Louis), qui me le montrait un jour, à bon droit, comme le Benjamin de son âme et du Cœur de Jésus... Il y avait, je m'en souviens parfaitement, dans cet ange parti pour le ciel, quelque chose d'angélique et de prédestiné qui me frappa, lorsque je le vis à Vitrac, lorsque, surtout, j'eus causé avec lui de choses religieuses. Sa modestie, sa douceur incomparable, son recueillement d'un caractère à part, son petit air méditatif et rêveur (il me semble que je le vois au salon de Fargues), m'avaient ravi et ému. Je me disais : Voilà un petit enfant qui ne ressemble pas aux autres. S'il se fait prêtre, ce sera certainement un saint, un savant; car je ne pus le prendre en défaut sur aucune des questions que je me permis de lui adresser au prébystère. Je l'aimais, je voyais un petit Louis de Gonzague, trop beau, trop pur, pour vivre longtemps dans les poussières de ce monde. »

FIN

§Toulouse. Typog. L. Hébrail, Durand et C., rue de la Pomme, 5.